Impressum
Verlag: BABADADA GmbH, Nedderfeld 112 , 22529 Hamburg
Geschäftsführer / Verlagsleitung: Harald Hof
Druck: Books on Demand GmbH, In de Tarpen 42, 22848 Norderstedt

Imprint
Publisher: BABADADA GmbH, Nedderfeld 112 , 22529 Hamburg, Germany
Managing Director / Publishing direction: Harald Hof
Print: Books on Demand GmbH, In de Tarpen 42, 22848 Norderstedt

colegio
школа

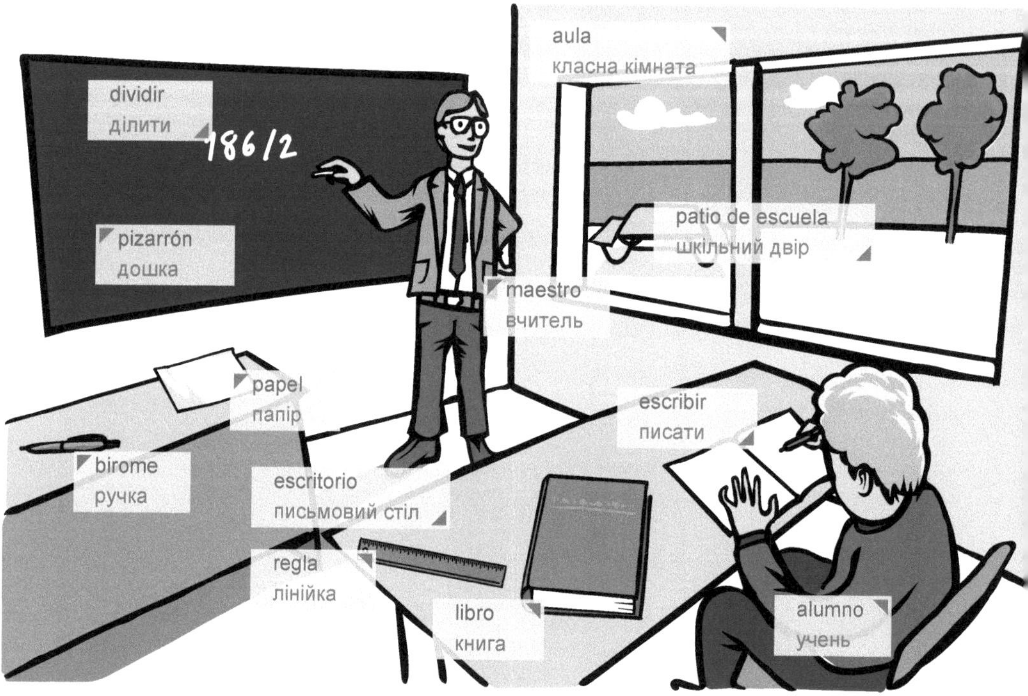

aula
класна кімната
dividir
ділити
186/2
pizarrón
дошка
patio de escuela
шкільний двір
maestro
вчитель
papel
папір
escribir
писати
birome
ручка
escritorio
письмовий стіл
regla
лінійка
libro
книга
alumno
учень

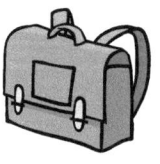

mochila

ранець

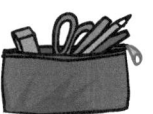

caja de lápices

пенал

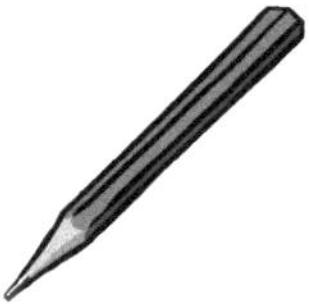

lápiz

олівець

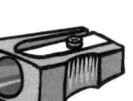

sacapuntas

точило

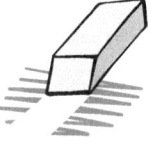

goma (de borrar)

гумка

bloc de dibujo

альбом для малювання

dibujo
малюнок

pincel
пензель

caja de pinturas
коробка фарб

tijera
ножиці

pegamento
клей

cuaderno de ejercicios
зошит

tarea
домашнє завдання

número
число

sumar
додавати

restar
віднімати

multiplicar
множити

calcular
рахувати

letra
літера

abecedario
абетка

palabra
слово

texto

текст

leer

читати

tiza

крейда

lección

година

cuaderno de clase

класний журнал

examen

екзамен

certificado

диплом

uniforme escolar

шкільна форма

educación

освіта

enciclopedia

лексикон

universidad

університет

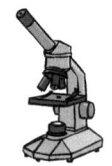

microscopio

мікроскоп

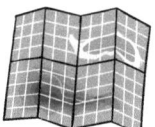

mapa

карта

tacho (de basura)

кошик для паперу

viaje

подорож

hotel
готель
Grand
hostel
турбаза
ROOMS
€CHANGE
casa de cambio
обмінний пункт
valija
валіза
auto
автомобіль

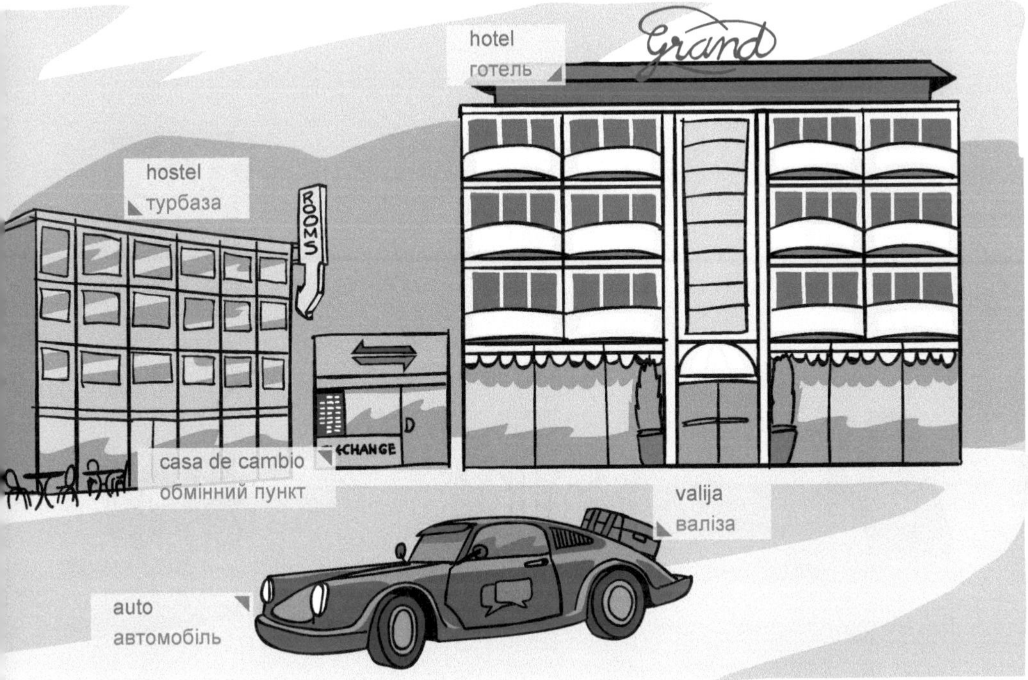

idioma

мова

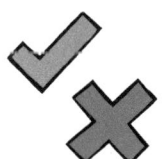

sí / no

так / ні

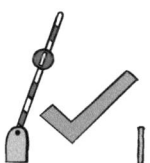

Está bien

добре

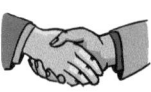

hola

привіт

traductor

перекладач

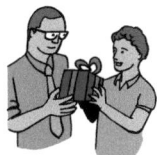

Gracias

дякую

¿cuánto cuesta…?

Скільки коштує …?

No entiendo

Я не розумію

problema

проблема

¡Buenas tardes!

Добрий вечір!

¡Buenos días!

Доброго ранку!

¡Buenas noches!

На добраніч!

adiós

До побачення

dirección

напрямок

equipaje

багаж

bolso

сумка

mochila

рюкзак

invitado

гість

habitación

кімната

bolsa de dormir

спальний мішок

carpa

намет

información turística

туристична інформація

playa

пляж

tarjeta de crédito

кредитна картка

desayuno

сніданок

almuerzo

обід

cena

вечеря

pasaje

квиток

ascensor

ліфт

sello

поштова марка

frontera

межа

aduana

митниця

embajada

посольство

visa

віза

pasaporte

паспорт

viaje - подорож

transporte
транспорт

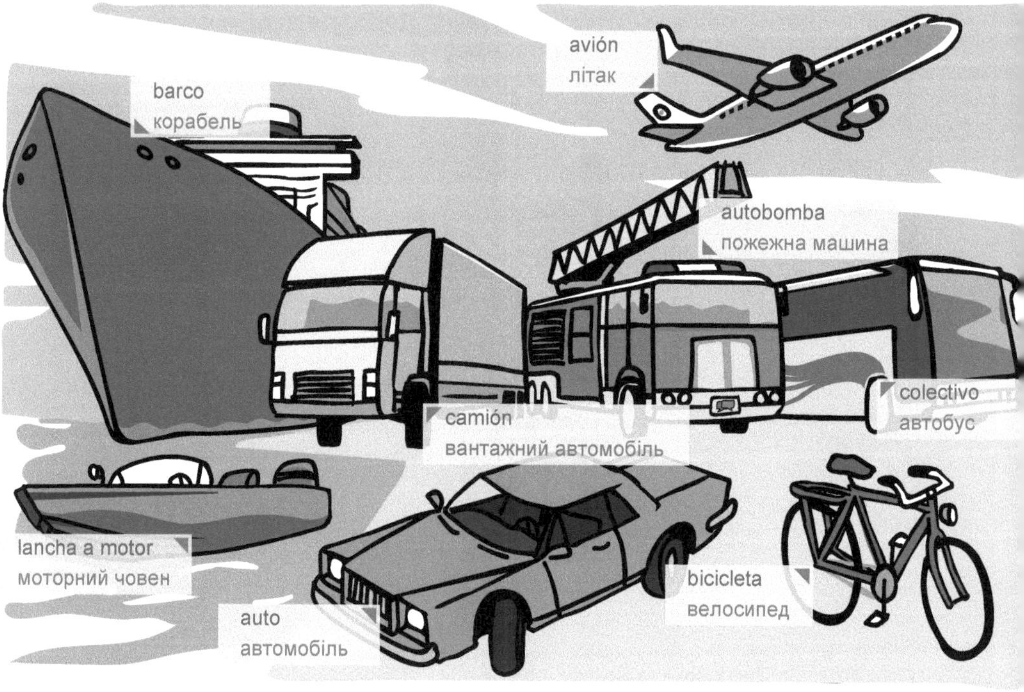

avión
літак
barco
корабель
autobomba
пожежна машина
colectivo
автобус
camión
вантажний автомобіль
lancha a motor
моторний човен
bicicleta
велосипед
auto
автомобіль

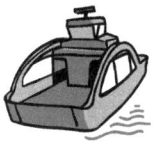

ferry

пором

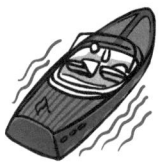

bote

човен

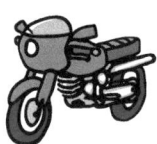

moto

мотоцикл

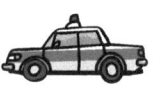

patrullero

поліцейська машина

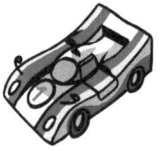

auto de carreras

гоночний автомобіль

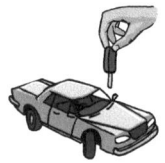

auto de alquiler

автомобіль на прокат

alquiler de autos

спільне користування авто

grúa

евакуатор

camión de basura

сміттєвоз

motor

двигун

nafta

паливо

estación de servicio

автозаправна станція

señal de tránsito

дорожній знак

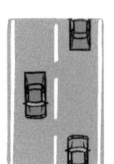

tránsito

рух

embotellamiento

затор

estacionamiento

стоянка

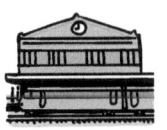

estación de tren

вокзал

vías

рейки

tren

потяг

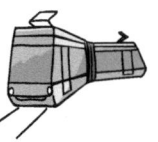

tranvía

трамвай

vagón

вагон

helicóptero

гелікоптер

aeropuerto

аеропорт

torre

вежа

pasajero

пасажир

contenedor

контейнер

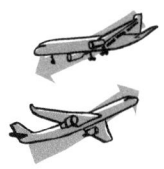

caja de cartón

коробка

carretilla

візок

canasta

кошик

despegar / aterrizar

стартувати / приземлятися

ciudad

місто

pueblo

село

centro de ciudad

центр міста

casa

дім

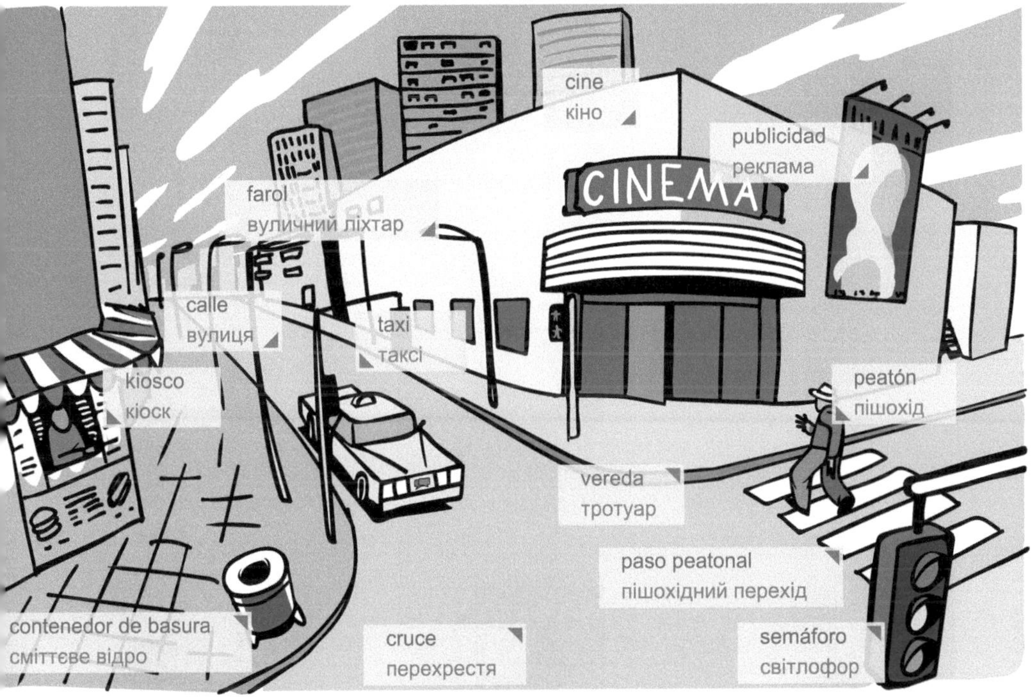

cine
кіно

publicidad
реклама

farol
вуличний ліхтар

CINEMA

calle
вулиця

taxi
таксі

kiosco
кіоск

peatón
пішохід

vereda
тротуар

paso peatonal
пішохідний перехід

contenedor de basura
сміттєве відро

cruce
перехрестя

semáforo
світлофор

cabaña

хатина

departamento

квартира

estación de tren

вокзал

municipalidad

ратуша

museo

музей

colegio

школа

universidad

університет

banco

банк

hospital

лікарня

hotel

готель

farmacia

аптека

oficina

офіс

librería

книжковий магазин

negocio

магазин

florería

квітковий магазин

supermercado

супермаркет

mercado

ринок

grandes tiendas

універмаг

pescadería

торговець рибою

centro comercial

торговельний центр

puerto

гавань

parque

парк

banco

лава

puente

міст

escaleras

сходи

subte

метро

túnel

тунель

parada del colectivo

автобусна зупинка

bar

бар

restaurante

ресторан

buzón

поштова скринька

letrero

вулична табличка

parquímetro

лічильник паркування

zoológico

зоопарк

pileta

басейн

mezquita

мечеть

granja

ферма

contaminación

забруднення
навколишнього
середовища

cementerio

кладовище

iglesia

церква

juegos infantiles

дитячий майданчик

templo

храм

paisaje
ландшафт

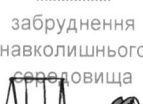

hoja
листок

poste indicador
вказівний стовп

camino
шлях

pradera
луг

piedra
камінь

árbol
дерево

excursionista
мандрівник

río
річка

hierba
трава

flor
квітка

valle

долина

montaña

гора

lago

озеро

bosque

ліс

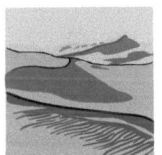

desierto

пустеля

volcán

вулкан

castillo

замок

arco iris

веселка

champiñón

гриб

palmera

пальма

mosquito

комар

mosca

муха

hormiga

мурашка

abeja

бджола

araña

павук

escarabajo

жук

rana

жаба

ardilla

вивірка

erizo

їжак

liebre

заєць

lechuza

сова

pájaro

птах

cisne

лебідь

jabalí

кабан

ciervo

олень

alce

лось

presa

гребля

aerogenerador

вітряк

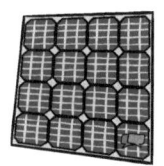

panel solar

сонячний модуль

clima

клімат

restaurante
ресторан

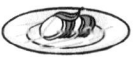

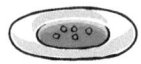

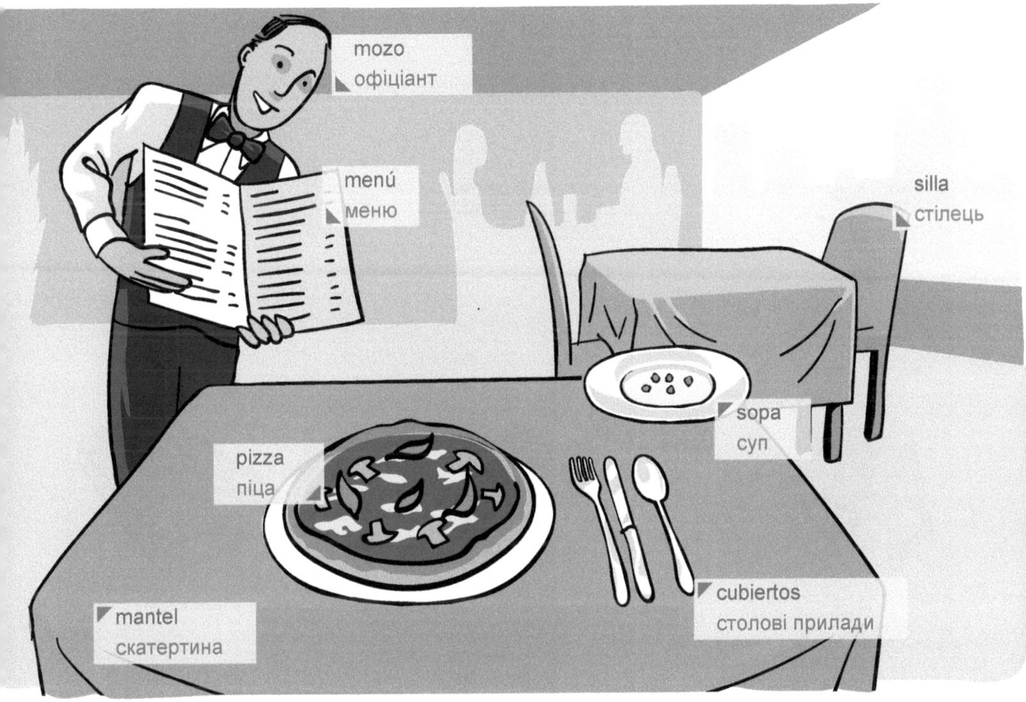
mozo
офіціант
menú
меню
silla
стілець
sopa
суп
pizza
піца
cubiertos
столові прилади
mantel
скатертина

entrada
закуска

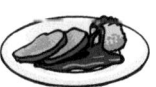

plato principal
друга страва

postre
десерт

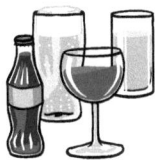

bebidas
напої

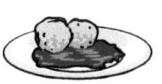

comida
їжа

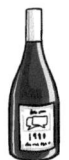

botella
пляшка

comida rápida

фаст-фуд

comida callejera

вулична їжа

tetera

чайник

azucarera

цукорниця

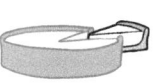

porción

порція

cafetera expreso

еспресо-машина

sillita alta

високий стільчик

cuenta

рахунок

bandeja

піднос

cuchillo

ніж

tenedor

вилка

cuchara

ложка

cucharita

чайна ложка

servilleta

серветка

vaso

склянка

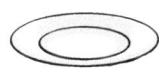

plato

тарілка

plato hondo

тарілка для супу

plato

блюдце

salsa

соус

salero

солонка

molinillo de pimienta

млин для перцю

vinagre

оцет

aceite

масло

especias

спеції

kétchup

кетчуп

mostaza

гірчиця

mayonesa

майонез

supermercado
супермаркет

oferta especial
пропозиція
FOR
cliente
клієнт
lácteos
молочні продукти
fruta
фрукти
changuito
візок для покупок

BUTCHERS

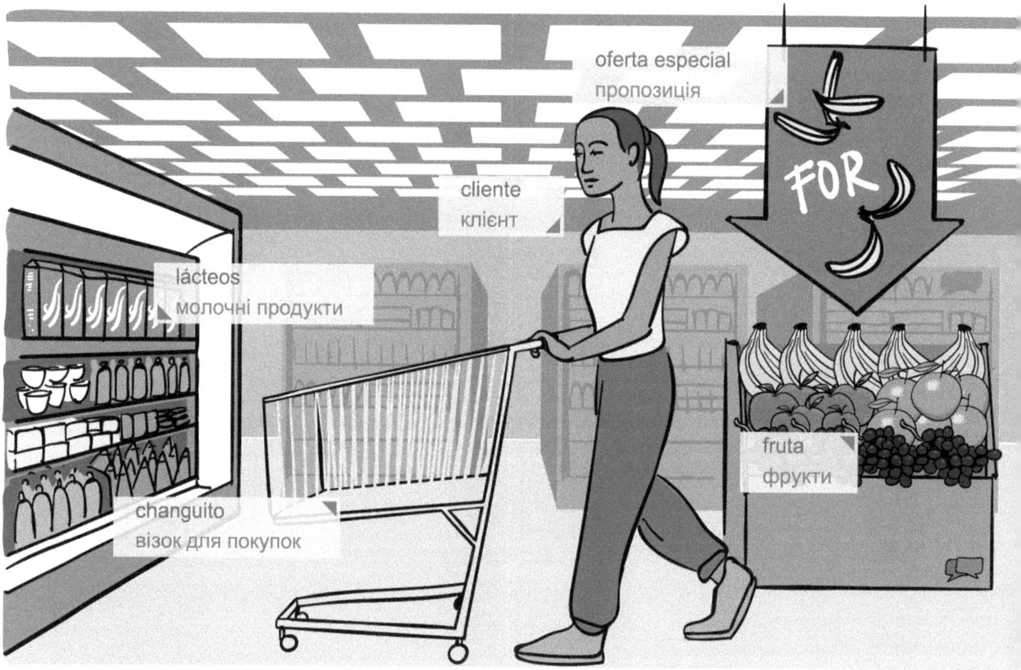

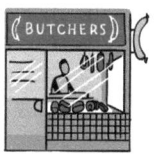

carnicería
....
м'ясний магазин

BAKERY

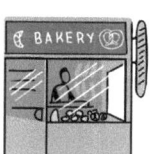

panadería
....
пекарня

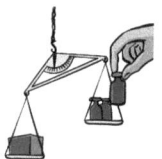

pesar
....
зважувати

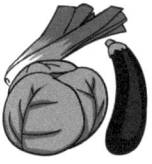

verduras
....
овочі

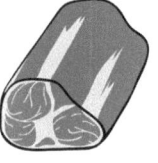

carne
....
м'ясо

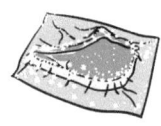

alimentos congelados
....
заморожені продукти

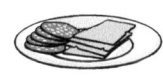

fiambres

ковбасна нарізка

alimentos enlatados

консерви

detergente en polvo

пральний порошок

golosinas

солодощі

electrodomésticos

предмети домашнього побуту

productos de limpieza

мийний засіб

vendedora

продавщиця

caja

каса

cajero

касир

lista de compras

список покупок

horario de atención

часи роботи

billetera

гаманець

tarjeta de crédito

кредитна картка

cartera

сумка

bolsa de plástico

поліетиленовий пакет

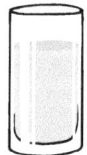

agua

вода

jugo

сік

leche

молоко

bebida cola

кола

vino

вино

cerveza

пиво

alcohol

алкоголь

cacao

какао

té

чай

café

кава

café expreso

еспресо

cappuccino

капучіно

banana

банан

manzana

яблуко

naranja

апельсин

melón

кавун

limón

лимон

zanahoria

морква

ajo

часник

bambú

бамбук

cebolla

цибуля

champiñón

гриб

nueces

горішки

fideos

локшина

tallarines

спагеті

arroz

рис

ensalada

салат

papas fritas

картопля фрі

papas fritas

смажена картопля

pizza

піца

hamburguesa

гамбургер

sándwich

бутерброд

churrasco

шніцель

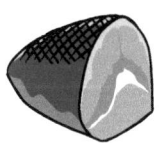

jamón

шинка

salame

салямі

salchicha

ковбаса

pollo

курка

asado

печеня

pescado

риба

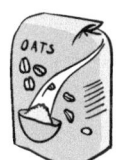

copos de avena

вівсяні пластівці

muesli

мюслі

copos de maíz

кукурудзяні пластівці

harina

борошно

medialuna

круасан

pancito

булочка

pan

хліб

tostada

тостовий хліб

galletitas

печиво

manteca

масло

cuajada

сир

torta

пиріг

huevo

яйце

huevo frito

яєчня

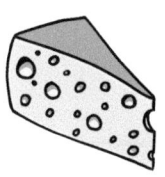

queso

сир

helado

морозиво

azúcar

цукор

miel

мед

mermelada

мармелад

pasta de chocolate

нуга-крем

curry

карі

granja
ферма

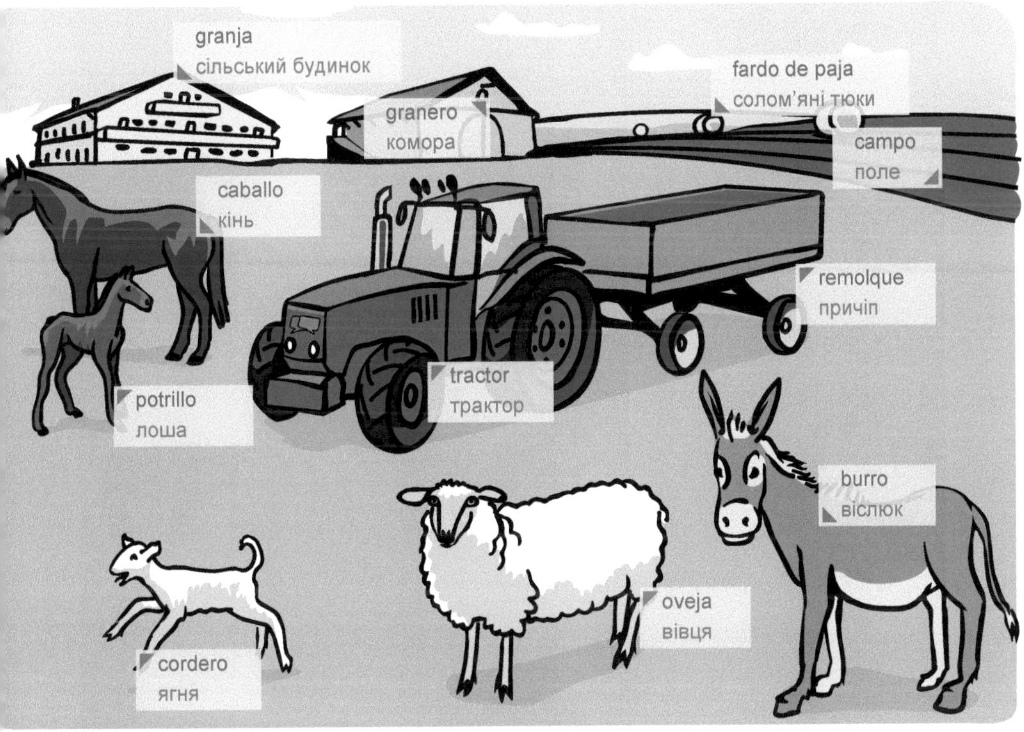
granja
сільський будинок
fardo de paja
солом'яні тюки
granero
комора
campo
поле
caballo
кінь
remolque
причіп
tractor
трактор
potrillo
лоша
burro
віслюк
oveja
вівця
cordero
ягня

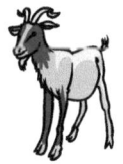

cabra

козa

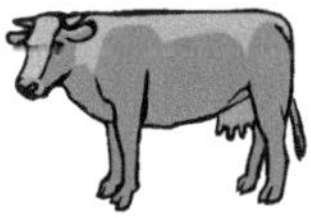

vaca

корова

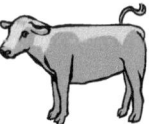

ternero

теля

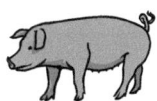

cerdo

свиня

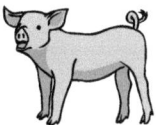

lechón

порося

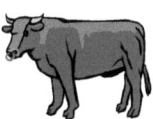

toro

бик

ganso

гусак

pato

качка

pollo

курча

gallina

курка

gallo

півень

rata

щур

gato

кіт

ratón

миша

buey

віл

perro

собака

cucha

собача будка

manguera

садовий шланг

regadera

лійка

guadaña

коса

arado

плуг

hoz

серп

azada

мотика

horquilla

вила

hacha

сокира

carretilla

тачка

abrevadero

корито

lechera

бідон молока

bolsa

мішок

reja

паркан

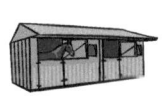

establo

хлів

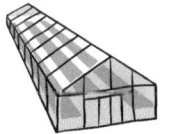

invernadero

теплиця

suelo

ґрунт

semilla

насіння

fertilizador

добриво

cosechadora

комбайн

cosechar

пожинати

cosecha

урожай

batatas

корінь ямсу

trigo

пшениця

soja

соя

papa

картопля

maíz

кукурудза

semilla de colza

ріпак

árbol frutal

плодове дерево

mandioca

маніок

cereales

злаки

granja - ферма

casa
дім

chimenea
димохід
techo
дах
caño de desagüe
водостічний лоток
ventana
вікно
garaje
гараж
timbre
дзвінок
puerta
двері
tacho de basura
відро для сміття
buzón
поштова скринька
jardín
сад

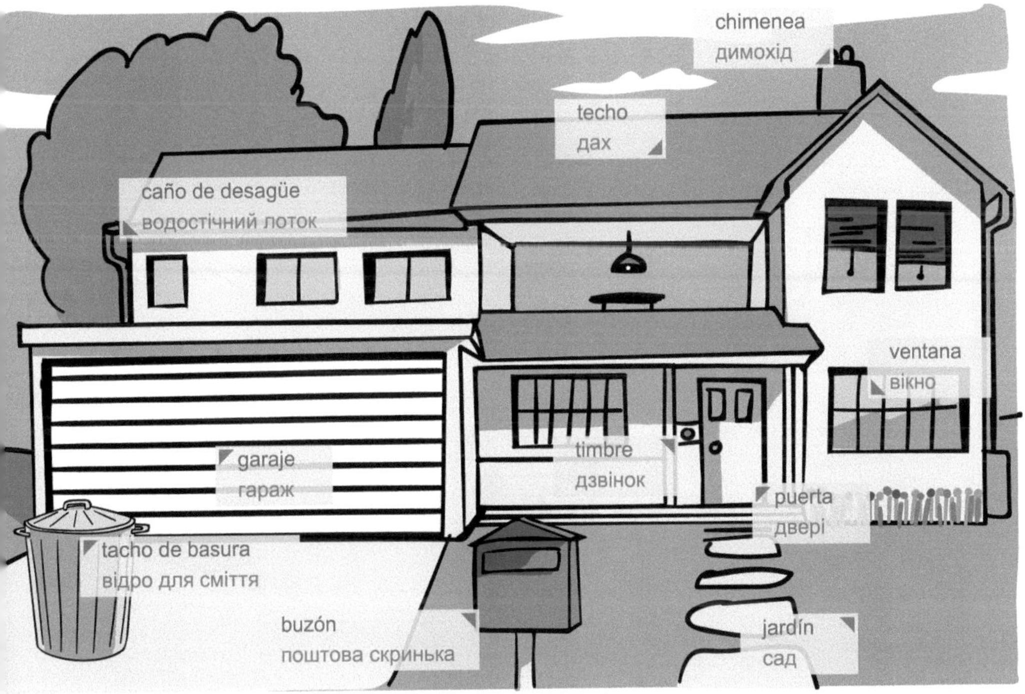

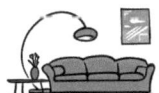

living
вітальня

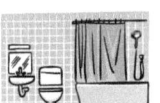

baño
ванна кімната

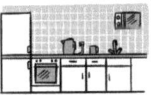

cocina
кухня

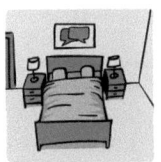

dormitorio
спальня

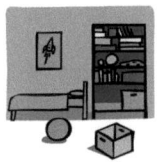

cuarto de los chicos
дитяча кімната

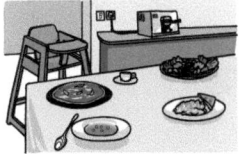

comedor
їдальня

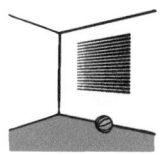

piso

підлога

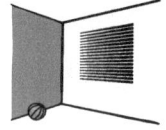

pared

стіна

cielorraso

стеля

sótano

підвал

sauna

сауна

balcón

балкон

terraza

тераса

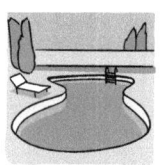

pileta

басейн

cortadora de pasto

косарка

sábana

простирало

acolchado

ковдра

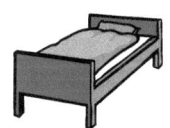

cama

ліжко

escoba

мітла

balde

відро

interruptor

перемикач

living
вітальня

empapelado
шпалери
imagen
малюнок
lámpara
лампа
estante
поличка
armario
шафа
televisión
телевізор
chimenea
камін
flor
квітка
almohadón
подушка
sofá
диван
florero
ваза
control remoto
пульт

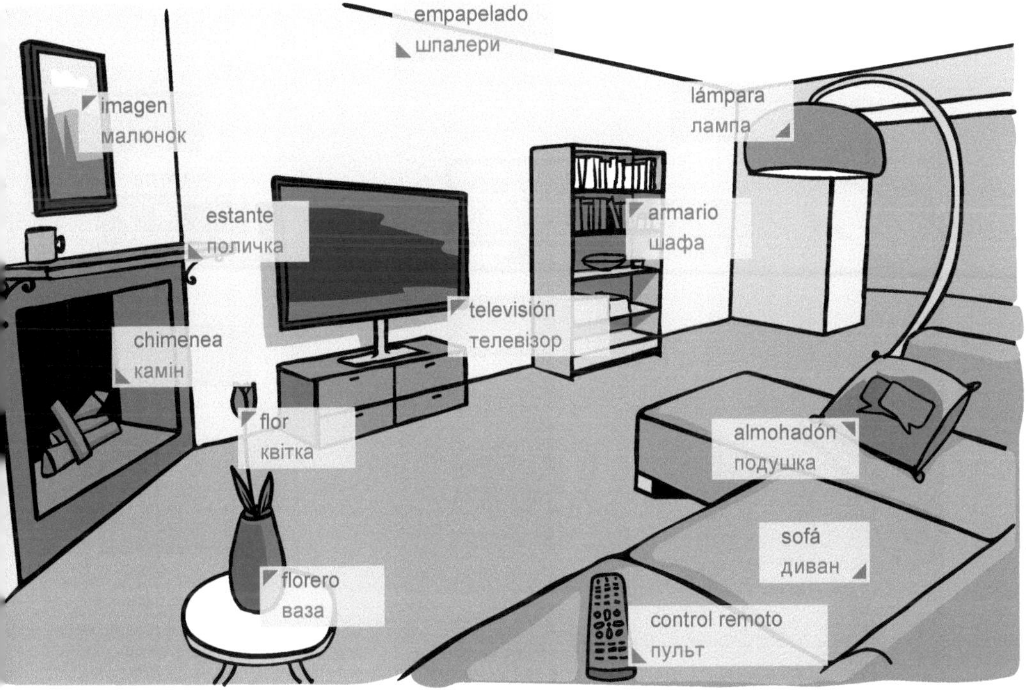

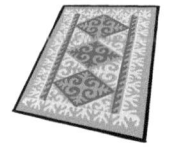

alfombra

килим

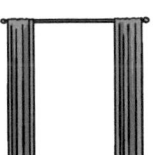

cortina

завіса

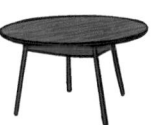

mesa

стіл

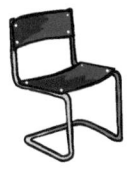

silla

стілець

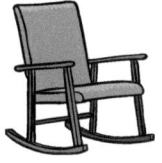

mecedora

крісло-гойдалка

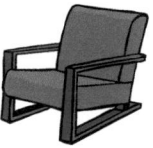

sillón

крісло

libro

книга

frazada

ковдра

decoración

прикраса

leña

дрова

película

фільм

equipo de música

стереосистема

llave

ключ

diario

газета

pintura

картина

póster

плакат

radio

радіо

cuaderno

блокнот

aspiradora

пилосос

cactus

кактус

vela

свічка

cocina
кухня

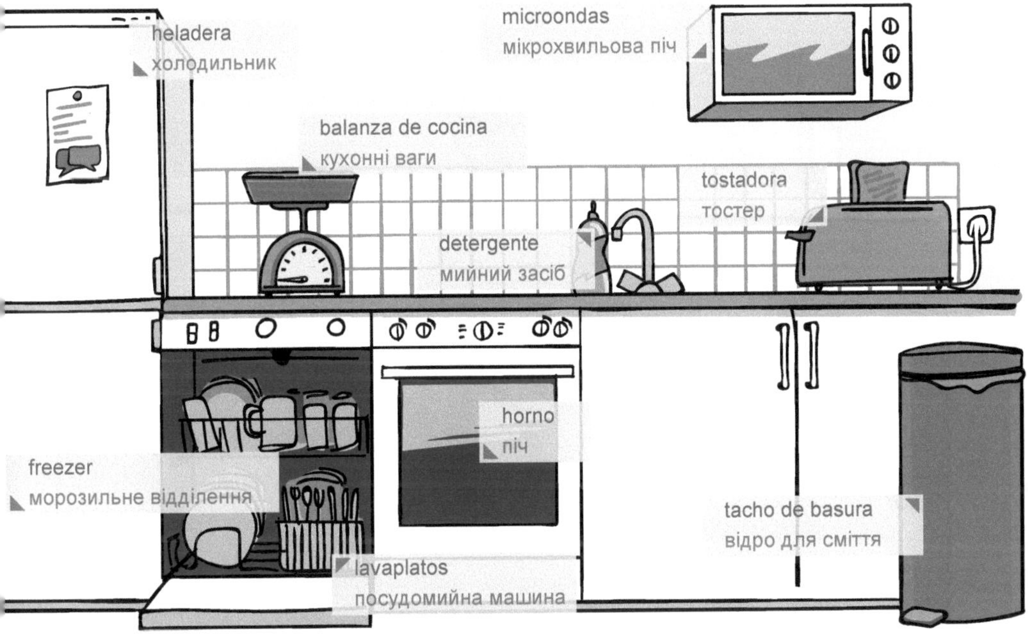

heladera
холодильник
microondas
мікрохвильова піч
balanza de cocina
кухонні ваги
tostadora
тостер
detergente
мийний засіб
horno
піч
freezer
морозильне відділення
tacho de basura
відро для сміття
lavaplatos
посудомийна машина

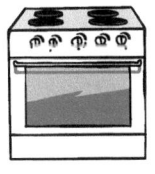

cocina
плита

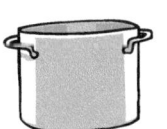

olla
горщик

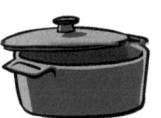

olla de hierro fundido
чавунний горщик

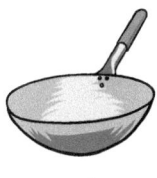

wok
вок / кадай

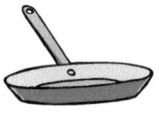

sartén
сковорода

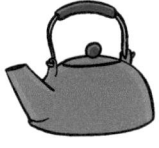

pava
чайник

vaporera

пароварка

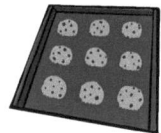

bandeja de horno

лист

vajilla

посуд

taza

кухоль

bol

чаша

palitos

палички для їжі

cucharón

черпак

estpátula

лопатка

batidora

вінчик для збивання

colador

сито

colador

сито

rallador

терка

mortero

ступка

parrilla

барбекю

fogata

багаття

tabla de picar

дошка

palo de amasar

качалка

sacacorchos

штопор

lata

конзерва

abrelatas

відкривачка

manopla

прихватки

pileta

раковина

cepillo

щітка

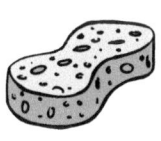

esponja

губка

batidora

міксер

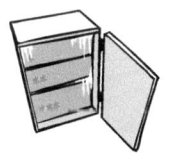

congelador

морозильна камера

mamadera

дитяча пляшка

canilla

кран

baño

ванна кімната

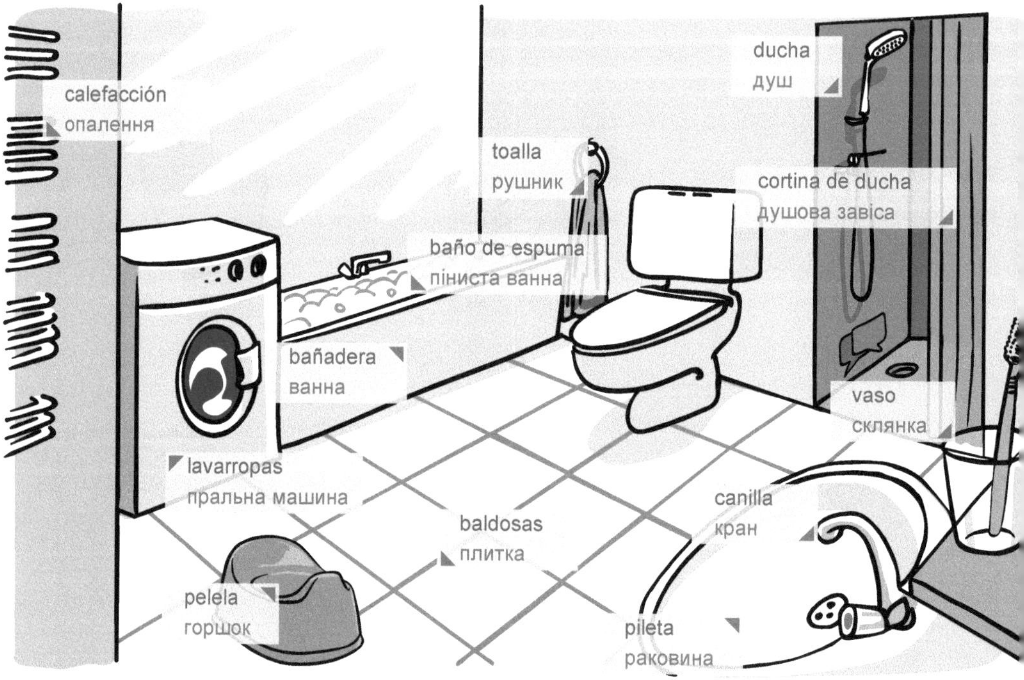
calefacción
опалення
ducha
душ
toalla
рушник
cortina de ducha
душова завіса
baño de espuma
пiниста ванна
bañadera
ванна
vaso
склянка
lavarropas
пральна машина
canilla
кран
baldosas
плитка
pelela
горшок
pileta
раковина

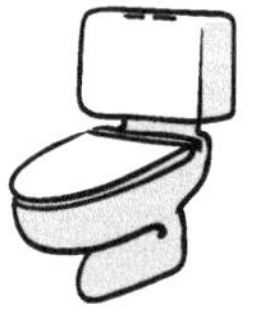

inodoro

туалет

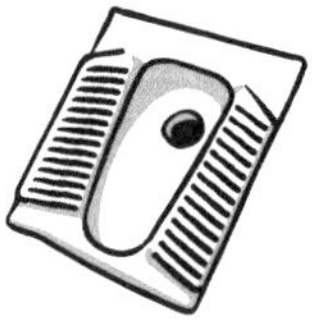

letrina

підлоговий туалет

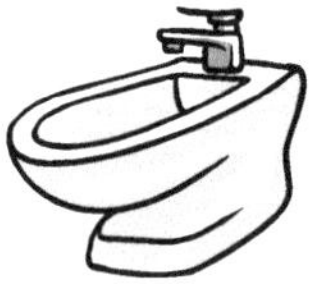

bidé

біде

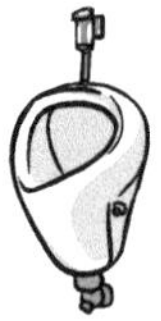

mingitorio

пісуар

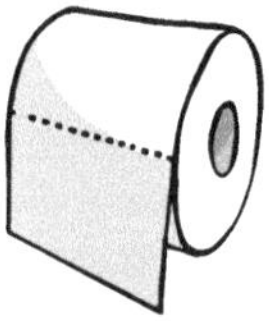

papel higiénico

туалетний папір

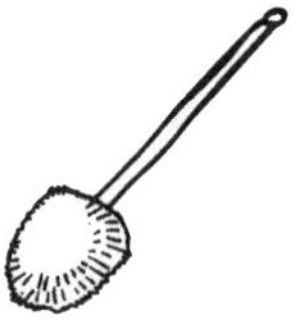

cepillo para el inodoro

щітка для туалету

cepillo de dientes

зубна щітка

dentífrico

зубна паста

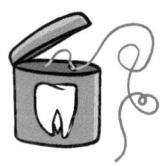

hilo dental

нитка для чищення зубів

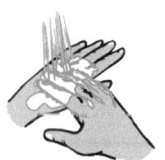

lavar

мити

ducha de mano

ручний душ

ducha higiénica

інтимний душ

palangana

таз

cepillo para espalda

щітка для спини

jabón

мило

gel de ducha

гель для душу

shampoo

шампунь

toallita

мочалка

desagüe

водостік

crema

крем

desodorante

дезодорант

espejo

дзеркало

espejito

косметичне дзеркало

maquinita de afeitar

бритва

espuma de afeitar

піна для гоління

aftershave

лосьйон після гоління

peine

гребінь

cepillo

щітка

secador de pelo

фен

spray

лак для волосся

maquillaje

косметика

lápiz de labios

губна помада

esmalte para uñas

лак для нігтів

algodón

вата

tijera para uñas

ножиці для нігтів

perfume

парфум

portacosméticos

косметичка

banqueta

табурет

balanza

ваги

bata

халат

guantes de goma

гумові рукавички

tampón

тампон

toallita femenina

гігієнічні прокладки

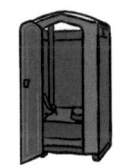

baño químico

біотуалет

cuarto de los chicos

дитяча кімната

despertador
будильник
peluche
м'яка іграшка
coche de juguete
іграшковий автомобіль
sonajero
брязкальце
casa de muñecas
ляльковий будиночок
regalo
подарунок

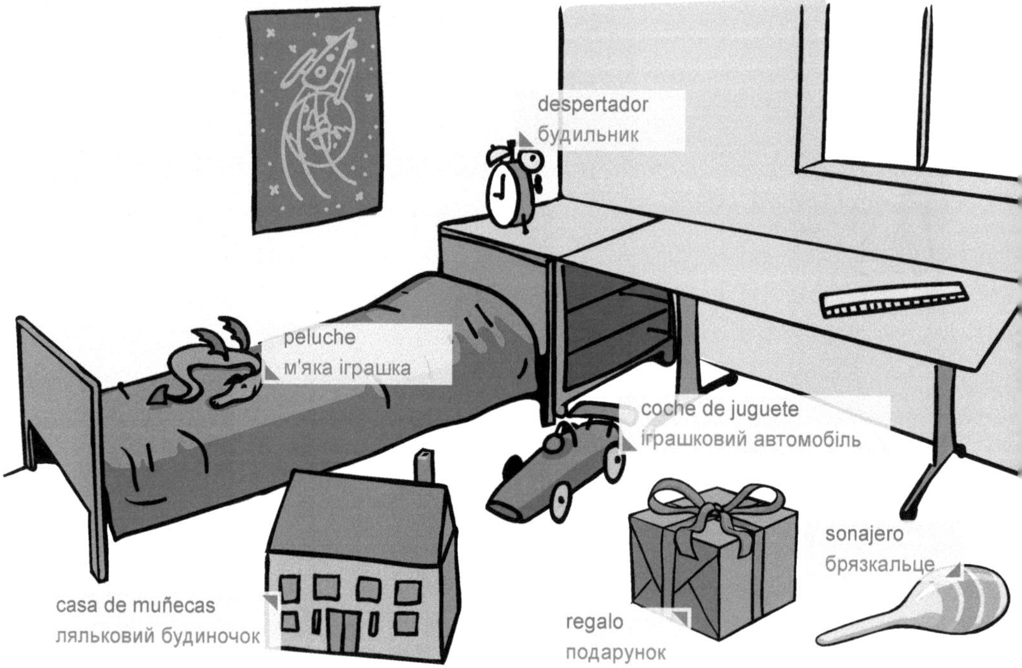

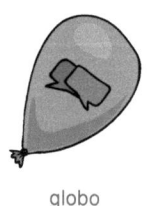

globo

повітряна кулька

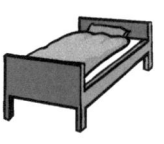

cama

ліжко

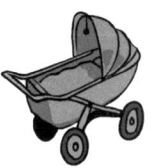

cochecito

дитячий візок

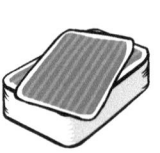

cartas

картярська гра

rompecabezas

пазл

SUPER MEGA

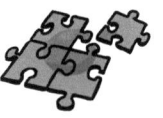

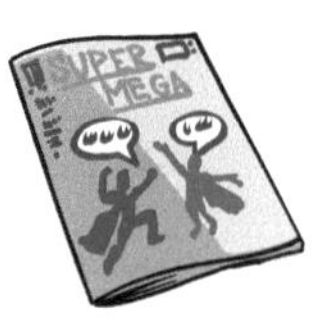

historieta

комікс

piezas de lego

лего цеглинки

ladrillos de juguete

блоки

figura de acción

іграшкова фігурка

enterito (de bebé)

повзунки

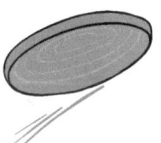

frisbee

фризбі

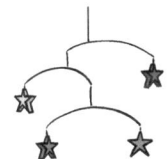

móvil para bebés

мобіле

juego de mesa

настільна гра

dados

кубик

tren eléctrico

модель залізнична станція

chupete

соска

fiesta

вечірка

libro de cuentos ilustrado

книжка з картинками

pelota

м'яч

muñeca

лялька

jugar

грати

arenero

пісочниця

hamaca

гойдалка

juguetes

іграшка

consola de videojuegos

гральна консоль

triciclo

триколісний велосипед

osito de peluche

плюшевий мішка

armario

шафа

ropa

одяг

medias

шкарпетки

medias panty

панчохи

calzas

колготки

bufanda
шарф

paraguas
парасоля

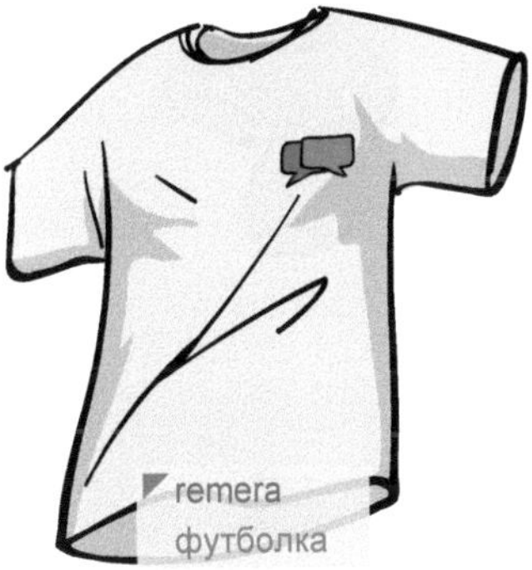

cinturón
ремінь

remera
футболка

zapatillas
кросівки

botas
чоботи

pantuflas
домашнє взуття

sandalias
....
сандалі

zapatos
....
взуття

botas de goma
....
гумові чоботи

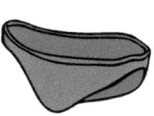

ropa interior
....
труси

corpiño
....
бюстгальтер

chaleco
....
нижня сорочка

body

боді

pantalones

штани

jeans

джинси

pollera

спідниця

blusa

блузка

camisa

сорочка

pulóver

пуловер

buzo

светр

blazer

піджак

campera

куртка

tapado

пальто

piloto

дощовик

traje

костюм

vestido

сукня

vestido de novia

весільна сукня

traje

костюм

camisón

нічна сорочка

pijama

піжама

sari

сарі

pañuelo para cabeza

головна хустка

turbante

чалма

burka

бурка

caftán

кафтан

abaya

абая

traje de baño

купальник

short de baño

плавки

shorts

шорти

jogging

тренувальний костюм

delantal

фартух

guantes

рукавички

botón

гудзик

anteojos

окуляри

pulsera

браслет

collar

ланцюг

anillo

кільце

aro

сережка

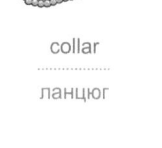

gorra

шапка

percha

плічка

sombrero

капелюх

corbata

краватка

cierre

застібка-блискавка

casco

шолом

tiradores

підтяжки

uniforme escolar

шкільна форма

uniforme

уніформа

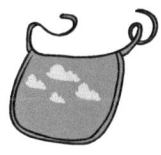

babero

нагрудник

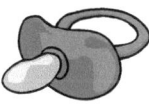

chupete

соска

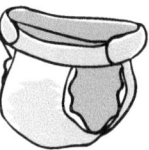

pañal

підгузок

oficina

офіс

servidor
сервер
archivero
шаф для документів
impresora
принтер
papel
папір
monitor
монітор
mouse
миша
escritorio
письмовий стіл
carpeta
папка
teclado
синтезатор
tacho (de basura)
кошик для паперу
computadora
комп'ютер
silla
стілець

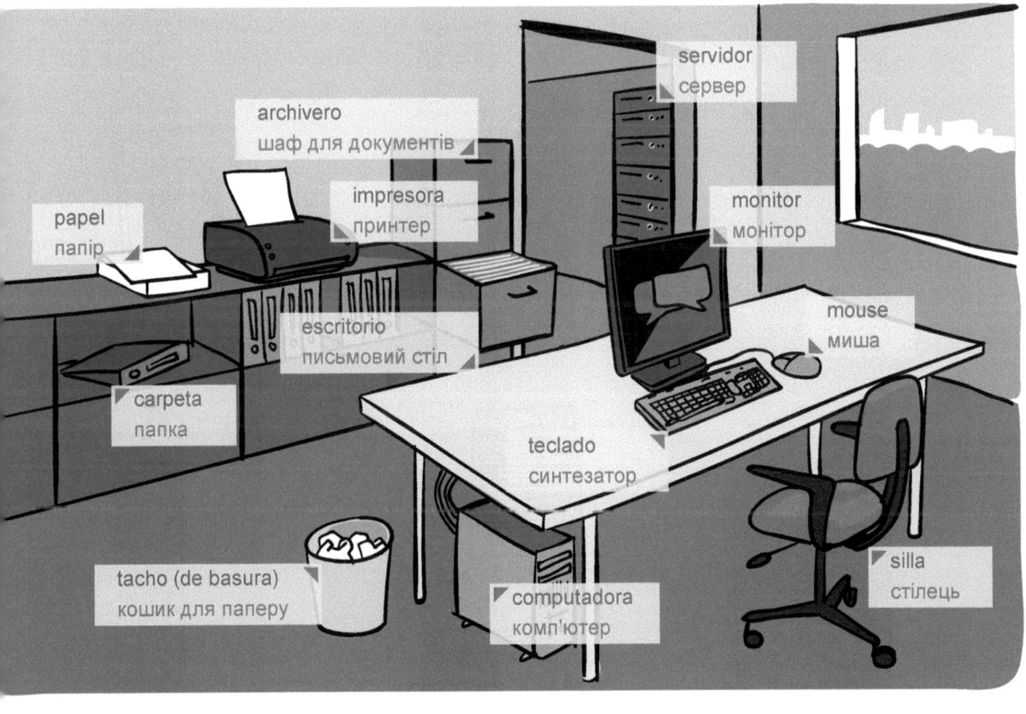

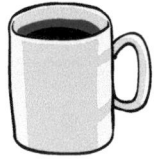

taza de café

кавовий кухоль

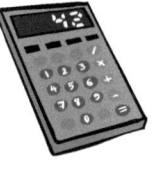

calculadora

калькулятор

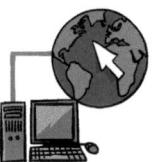

internet

інтернет

laptop

ноутбук

carta

лист

mensaje

повідомлення

celular

мобільний телефон

red

мережа

fotocopiadora

копіювальний пристрій

software

програмне забезпечення

teléfono

телефон

tomacorriente

розетка

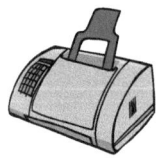

fax

факс

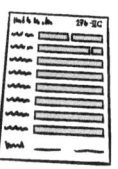

formulario

бланк

documento

документ

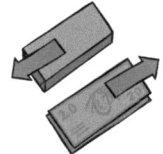
comprar
купувати

pagar
платити

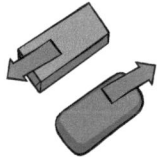
hacer negocios
торгувати

dinero
гроші

dólar
долар

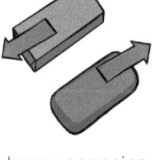
euro
євро

yen
ієна

rublo
рубль

franco suizo
франк

yuan
юанів женьміньбі

rupia
рупія

cajero automático
банкомат

casa de cambio

обмінний пункт

oro

золото

plata

срібло

petróleo

нафта

energía

енергія

precio

ціна

contrato

контракт

impuesto

податок

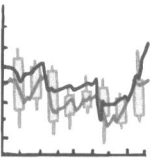

acción

акція

trabajar

працювати

empleado

працівник

empleador

роботодавець

fábrica

фабрика

negocio

магазин

ocupaciones

професії

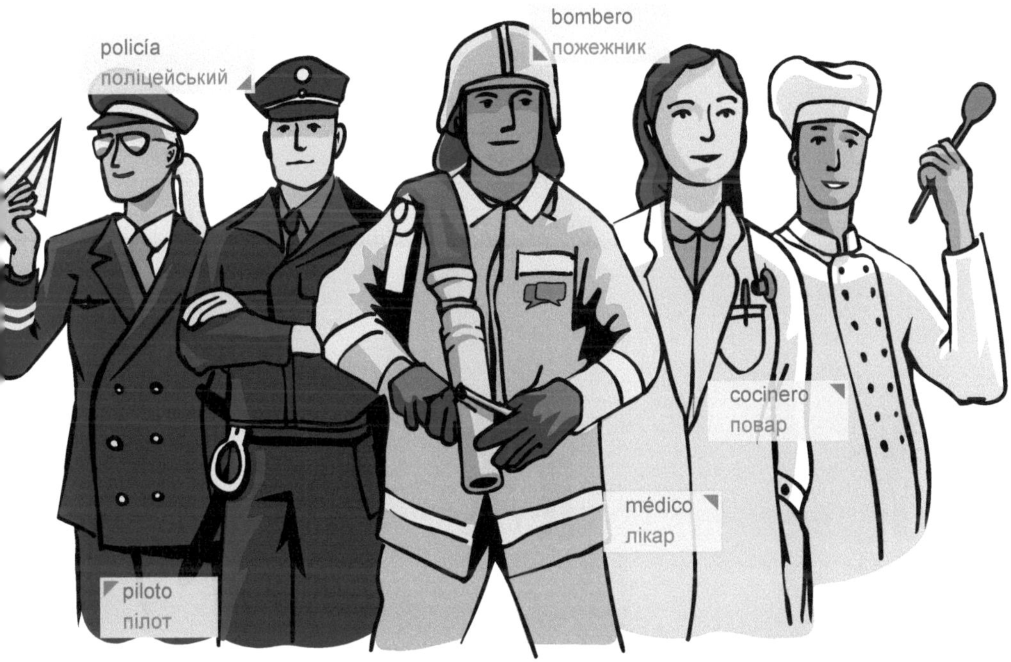

bombero
пожежник
policía
поліцейський
cocinero
повар
médico
лікар
piloto
пілот

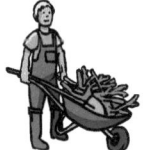

jardinero

садівник

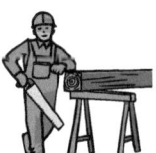

carpintero

столяр

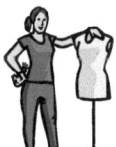

modista

швачка

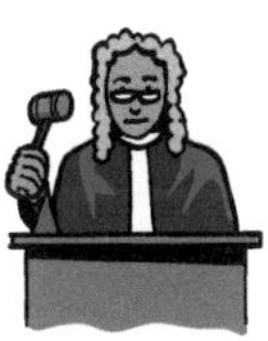

juez

суддя

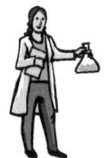

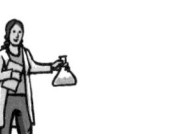

farmacéutico

хімік

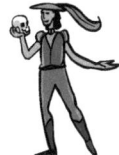

actor

актор

colectivero

водій автобуса

taxista

таксист

pescador

рибалка

mucama

прибиральниця

techista

покрівельник

mozo

офіціант

cazador

мисливець

pintor

художник

panadero

пекар

electricista

електрик

albañil

будівельник

ingeniero

інженер

carnicero

забійник

plomero

бляхар

cartero

листоноша

soldado

солдат

arquitecto

архітектор

cajero

касир

florista

флорист

peluquero

перукар

cobrador

кондуктор

mecánico

механік

capitán

капітан

dentista

дантист

científico

вчений

rabino

рабин

imán

імам

monje

монах

sacerdote

пастор

herramientas
інструменти

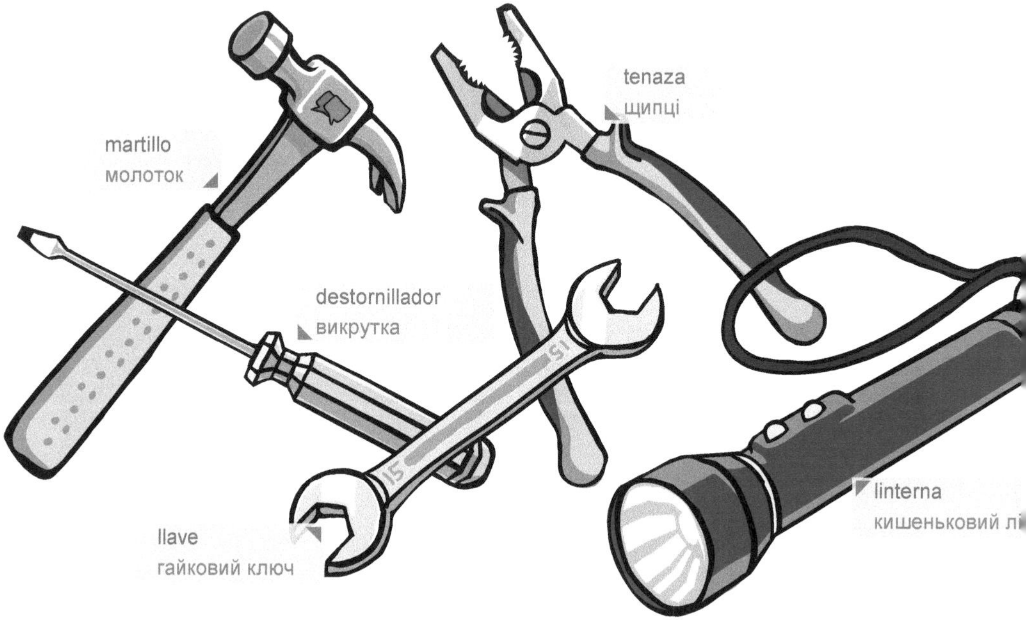

martillo
молоток
tenaza
щипці
destornillador
викрутка
llave
гайковий ключ
linterna
кишеньковий лі

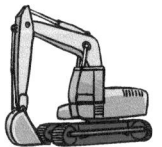

excavadora

екскаватор

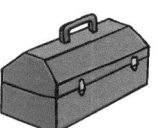

caja de herramientas

ящик для інструментів

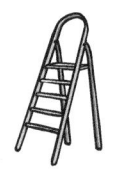

escalera portátil

драбина

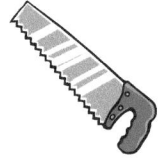

sierra

пилка

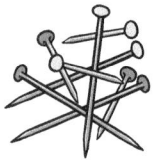

clavos

цвяхи

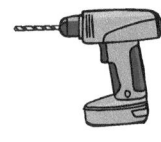

taladro

свердло

arreglar

ремонтувати

pala de jardín

лопата

¡Qué bronca!

лайно!

pala de plástico

совок

tacho de pintura

відро з фарбою

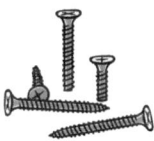

tornillos

гвинти

instrumentos musicales
музичні інструменти

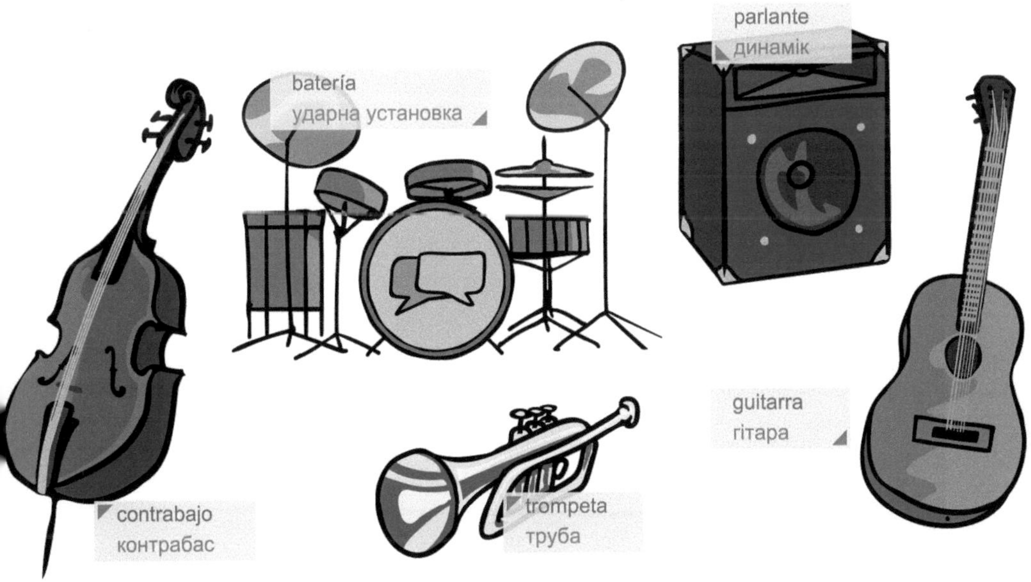

parlante
динамік

batería
ударна установка

contrabajo
контрабас

trompeta
труба

guitarra
гітара

piano

фортепіано

violín

скрипка

bajo

бас

timbales

литаври

tambor

барабан

teclado

клавіатура

saxofón

саксофон

flauta

флейта

micrófono

мікрофон

zoológico
зоопарк

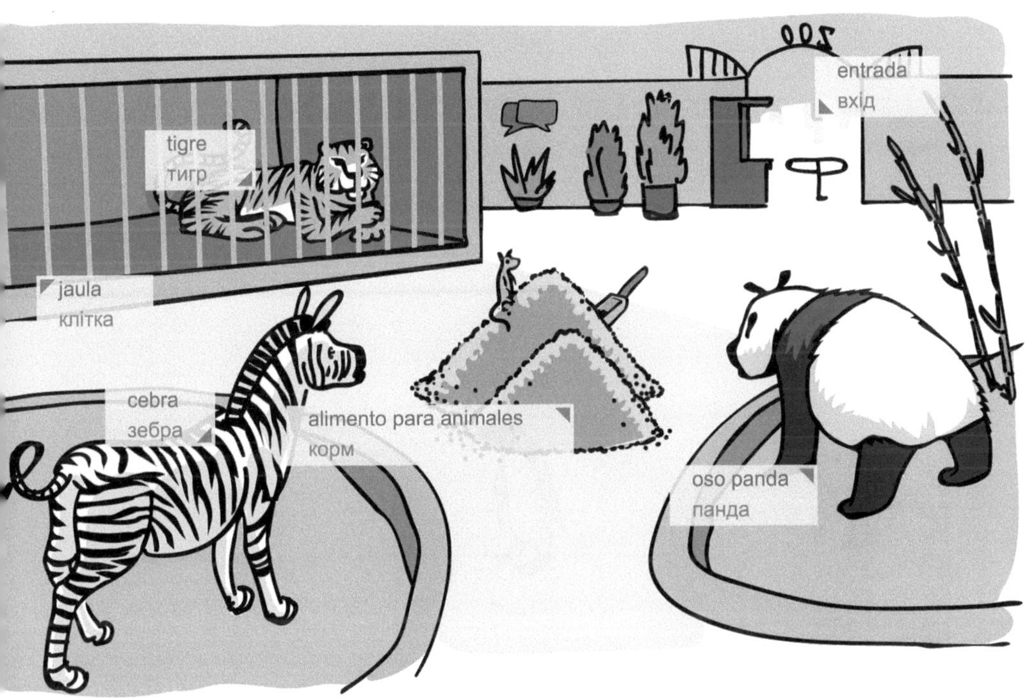
entrada
вхід
tigre
тигр
jaula
клітка
cebra
зебра
alimento para animales
корм
oso panda
панда

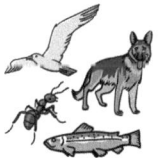

animales
тварини

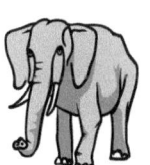

elefante
слон

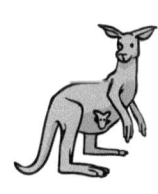

canguro
кенгуру

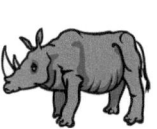

rinoceronte
носоріг

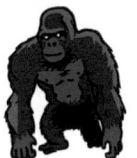

gorila
горила

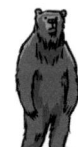

oso
ведмідь

camello

верблюд

avestruz

страус

león

лев

mono

мавпа

flamenco

фламінго

loro

папуга

oso polar

білий ведмідь

pingüino

пінгвін

tiburón

акула

pavo real

павич

serpiente

змія

cocodrilo

крокодил

cuidador del zoológico

працівник зоопарку

foca

тюлень

jaguar

ягуар

poni

поні

leopardo

леопард

hipopótamo

гіпопотам

jirafa

жираф

águila

орел

jabalí

кабан

pescado

риба

tortuga

черепаха

morsa

морж

zorro

лисиця

gacela

газель

zoológico - зоопарк

deportes
спорт

fútbol americano
американський футбол

ciclismo
їзда на велосипеді

tenis
теніс

básquet
баскетбол

natación
плавання

boxeo
бокс

hockey sobre hielo
хокей

fútbol
футбол

bádminton
бадмінтон

atletismo
легка атлетика

handball
гандбол

esquí
лижні перегони

polo
поло

actividades

дії

saltar
стрибати
abrazar
обіймати
reír
сміятися
caminar
йти
cantar
співати
soñar
мріяти
rezar
молитися
besar
цілувати

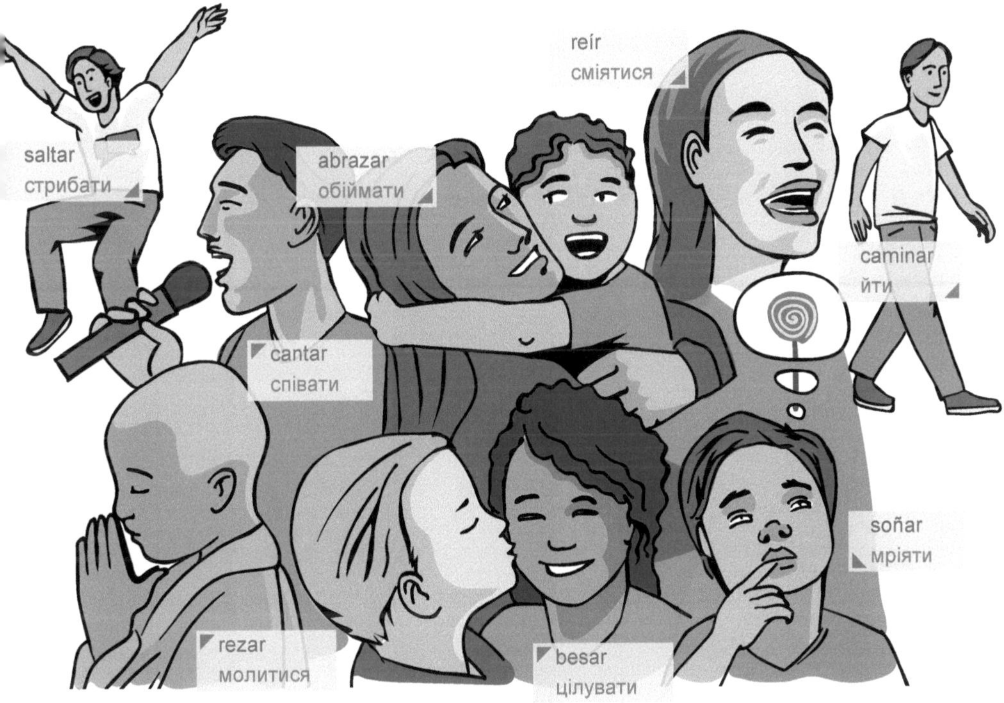

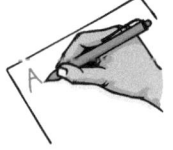

escribir

писати

dibujar

малювати

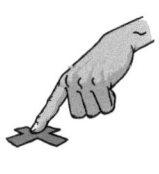

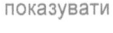

mostrar

показувати

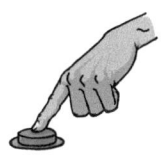

presionar

тиснути

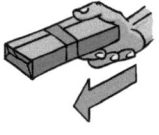

dar

давати

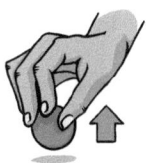

tomar

брати

tener

мати

hacer

робити

ser

бути

estar parado

стояти

correr

бігати

tirar

тягнути

tirar

кидати

caer

падати

estar acostado

лежати

esperar

очікувати

llevar

носити

estar sentado

сидіти

vestirse

одягати

dormir

спати

despertar

просипатися

mirar

дивитися

llorar

плакати

acariciar

гладити

peinar

розчісувати

hablar

розмовляти

entender

розуміти

preguntar

питати

escuchar

слухати

beber

пити

comer

їсти

ordenar

прибирати

amar

любити

cocinar

варити

manejar

їхати

volar

літати

navegar

йти під вітрилом

calcular

рахувати

leer

читати

aprender

вчитися

trabajar

працювати

casarse

одружуватися

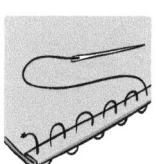

coser

шити

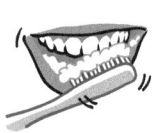

cepillarse los dientes

чистити зуби

matar

убивати

fumar

курити

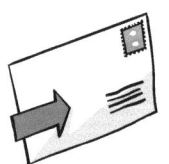

enviar

посилати

abuela
бабуся

abuelo
дідуся

padre
батько

madre
мати

bebé
немовля

hija
донька

hijo
син

invitado

гість

tía

тітка

tío

дядько

hermano

брат

hermana

сестра

cuerpo

тіло

frente
чоло
ojo
око
hombro
плече
dedo
палець
cara
обличчя
pera
підборіддя
mano
кисть
pecho
груди
pierna
нога
brazo
рука

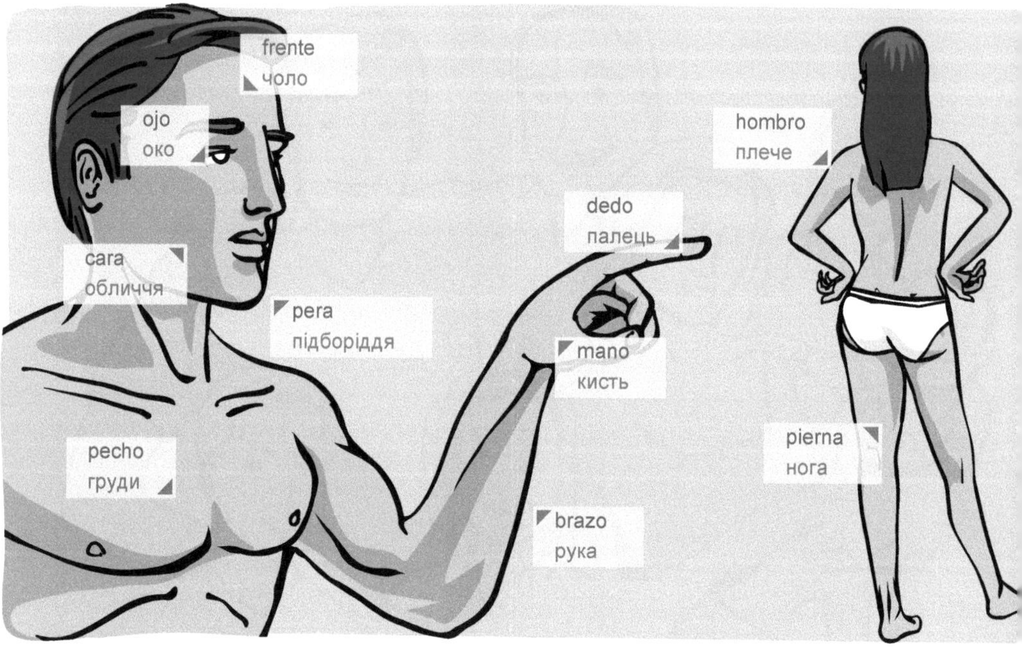

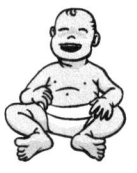

bebé

немовля

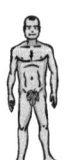

hombre

чоловік

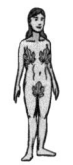

mujer

жінка

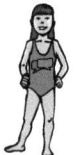

nena

дівчина

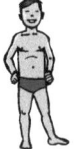

nene

хлопчик

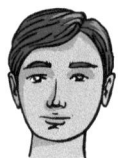

cabeza

голова

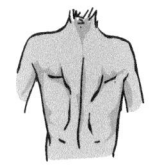

espalda

спина

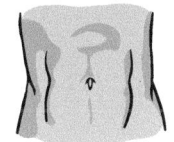

panza

живіт

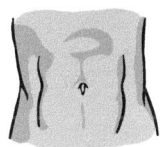

ombligo

пуп

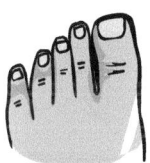

dedo del pie

палець ноги

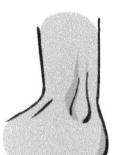

talón

п'ята

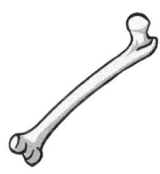

hueso

кістка

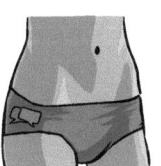

cadera

стегно

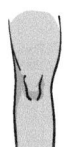

rodilla

коліно

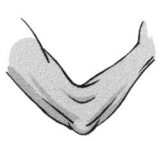

codo

лікоть

nariz

ніс

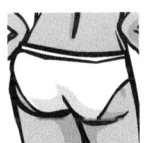

cola

сідниці

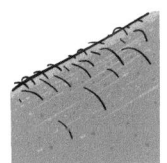

piel

шкіра

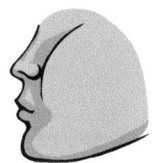

cachete

щока

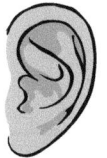

oreja

вухо

labio

губа

cuerpo - тіло

boca

рот

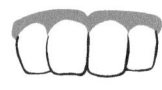

diente

зуб

lengua

язик

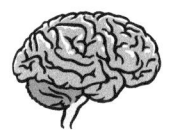

cerebro

мозок

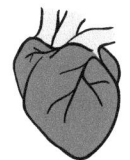

corazón

серце

músculo

м'яз

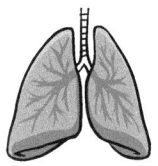

pulmón

легені

hígado

печінка

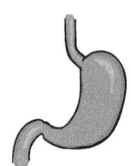

estómago

шлунок

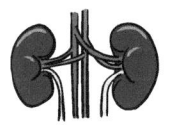

riñones

нирки

sexo

статевий акт

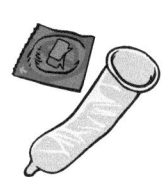

preservativo

презерватив

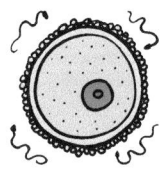

óvulo

яйцеклітина

semen

сперма

embarazo

вагітність

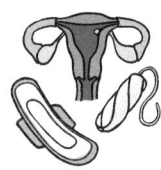

menstruación

менструація

vagina

вагіна

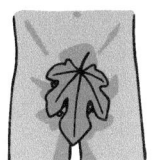

pene

пеніс

ceja

брова

pelo

волосся

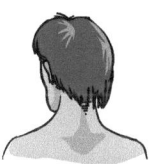

cuello

шия

hospital
лікарня

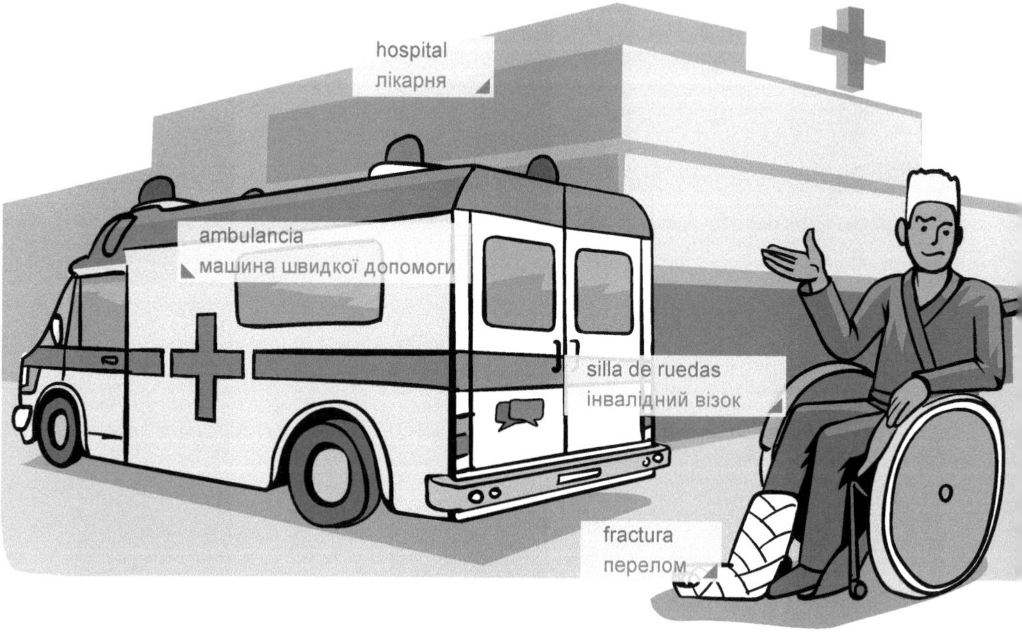

hospital
лікарня
ambulancia
машина швидкої допомоги
silla de ruedas
інвалідний візок
fractura
перелом

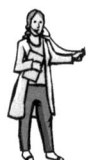

médico

лікар

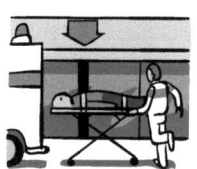

sala de guardia

відділення швидкої медичної допомоги

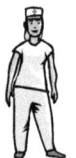

enfermera

медсестра

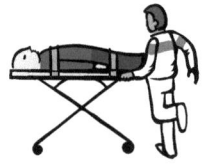

emergencia

аварійний випадок

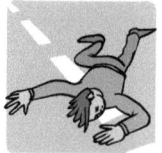

inconsciente

непритомний

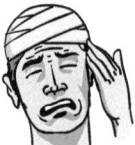

dolor

біль

lesión
травма

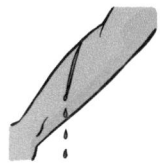

hemorragia
кровотеча

infarto
інфаркт

ACV
інсульт

alergia
алергія

tos
кашель

fiebre
лихоманка

gripe
грип

diarrea
пронос

dolor de cabeza
головна біль

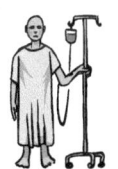

cáncer
рак

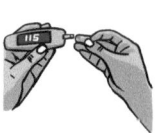

diabetes
діабет

cirujano
хірург

bisturí
скальпель

operación
операція

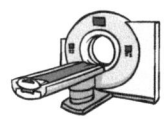

TC
KT

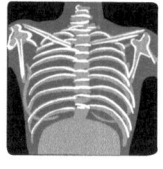

rayos x
рентген

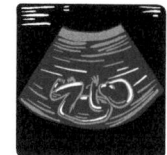

ecografía
ультразвук

barbijo
маска

enfermedad
хвороба

sala de espera
зал очікування

muleta
милиця

curita
пластир

venda
пов'язка

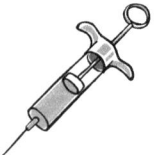

inyección
ін'єкція

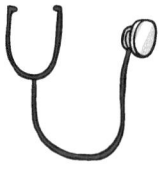

estetoscopio
стетоскоп

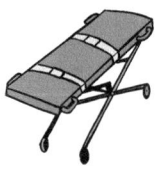

camilla
ноші

termómetro
термометр

nacimiento
народження

sobrepeso
надмірна вага

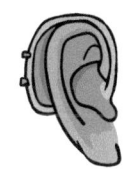

audífono

слуховий апарат

desinfectante

дезінфікуючий засіб

infección

інфекція

virus

вірус

VIH / SIDA

ВІЛ / СНІД

remedio

медицина

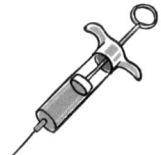

vacunación

вакцинація

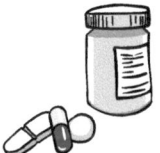

comprimidos

таблетки

pastilla anticonceptiva

протизаплідна пігулка

llamada de emergencia

екстрений виклик

tensiómetro

тонометр

enfermo / sano

хворий / здоровий

¡Ayuda!

Допоможіть!

alarma

сигнал тривоги

agresión

напад

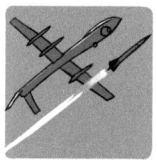

ataque

атака

peligro

небезпека

salida de emergencia

аварійний вихід

¡Fuego!

Вогонь!

matafuego

вогнегасник

accidente

аварія

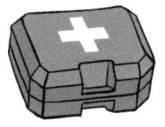

botiquín de primeros
auxilios

аптечка

SOS

COC

policía

поліція

Europa

Європа

América del Norte

Північна Америка

América del Sur

Південна Америка

África

Африка

Asia

Азія

Australia

Австралія

Atlántico

Атлантика

Pacífico

Тихий океан

Océano Índico

Індійський океан

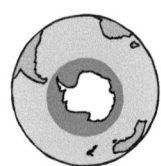

Océano Antártico

Антарктичний океан

Océano Ártico

Північний Льодовитий
океан

polo norte

Північний полюс

polo sur

Південний полюс

Antártida

Антарктика

Tierra

Земля

tierra

суша

mar

море

isla

острів

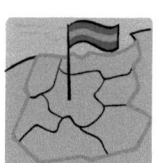

nación

нація

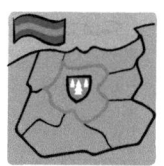

estado

держава

esfera

циферблат

manecilla de las horas

годинникова стрілка

minutero

хвилинна стрілка

segundero

секундна стрілка

¿Qué hora es?

Котра година?

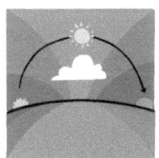

día

день

hora

час

ahora

зараз

reloj digital

цифровий годинник

minuto

хвилина

hora

година

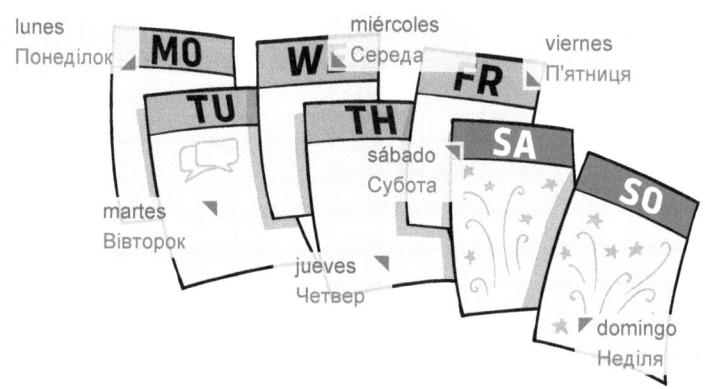

lunes
Понеділок

miércoles
Середа

viernes
П'ятниця

martes
Вівторок

sábado
Субота

jueves
Четвер

domingo
Неділя

ayer

вчора

hoy

сьогодні

mañana

завтра

mañana

ранок

mediodía

опівдні

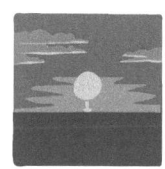

tarde

вечір

MO	TU	WE	TH	FR	SA	SU
1	2	3	4	5	6	7
8	9	10	11	12	13	14
15	16	17	18	19	20	21
22	23	24	25	26	27	28
29	30	31	1	2	3	4

días hábiles

робочі дні

MO	TU	WE	TH	FR	SA	SU
1	2	3	4	5	6	7
8	9	10	11	12	13	14
15	16	17	18	19	20	21
22	23	24	25	26	27	28
29	30	31	1	2	3	4

fin de semana

кінець робочого тижня

año

рік

lluvia
дощ
arco iris
веселка
viento
вітер
nieve
сніг
primavera
весна
otoño
осінь
verano
літо
invierno
зима

4.APRIL 11°
5.APRIL 4°
6.APRIL 13°
7.APRIL 8°
8.APRIL 10°

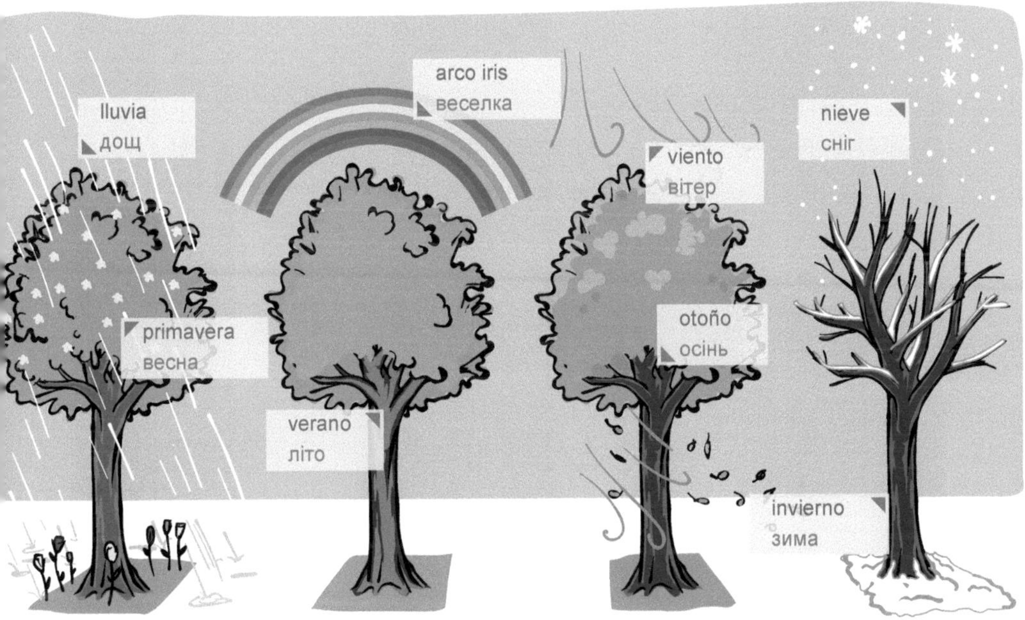

pronóstico meteorológico

прогноз погоди

F
C
120
90
60
30
0
-30
40
30
20
10
0
-10
-20

termómetro

термометр

luz del sol

сонячне світло

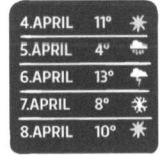

nube

хмара

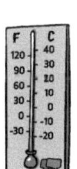

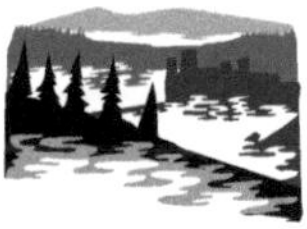

niebla

туман

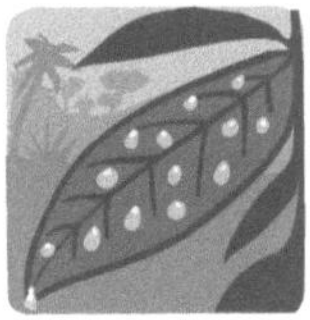

humedad

вологість повітря

rayo

блискавка

trueno

грім

tormenta

шторм

granizo

град

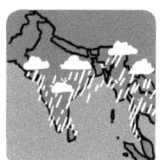

monzón

мусон

inundación

повінь

hielo

лід

enero

Січень

febrero

Лютий

marzo

Березень

abril

Квітень

mayo

Травень

junio

Червень

julio

Липень

agosto

Серпень

año - рік

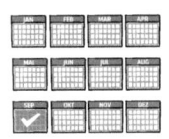

septiembre
....
Вересень

octubre
....
Жовтень

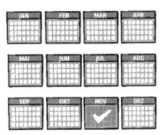

noviembre
....
Листопад

diciembre
....
Грудень

formas
форми

círculo
....
круг

cuadrado
....
квадрат

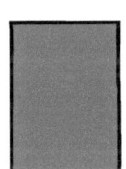

rectángulo
....
прямокутник

triángulo
....
трикутник

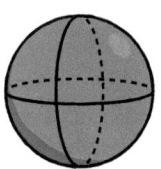

esfera
....
куля

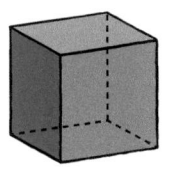

cubo
....
куб

colores
фарби

blanco
....
білий

amarillo
....
жовтий

naranja
....
помаранчевий

rosa
....
рожевий

rojo
....
червоний

violeta
....
фіолетовий

azul
....
синій

verde
....
зелений

marrón
....
коричневий

gris
....
сірий

negro
....
чорний

mucho / poco

багато / мало

enojado / tranquilo

лютий / мирний

lindo / feo

гарний / бридкий

principio / fin

початок / кінець

grande / chico

великий / малий

claro / oscuro

світлий / темний

hermano / hermana

брат / сестра

limpio / sucio

чистий / брудний

completo / incompleto

завершений /
незавершений

día / noche

день / ніч

muerto / vivo

мертвий / живий

ancho / angosto

широкий / вузький

comestible / no comestible

їстівний / неїстівний

malo / amable

злий / дружній

entusiasmado / aburrido

збуджений / нудьгуючий

gordo / flaco

товстий / тонкий

primero / último

спочатку / востаннє

amigo / enemigo

друг / ворог

lleno / vacío

повний / порожній

duro / blando

жорсткий / м'який

pesado / liviano

важкий / легкий

hambre / sed

голод / спрага

enfermo / sano

хворий / здоровий

ilegal / legal

незаконний / законний

inteligente / estúpido

розумний / дурний

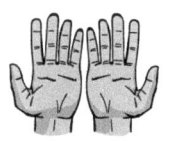

izquierda / derecha

вліво / вправо

cerca / lejos

поруч / далеко

nuevo / usado

новий / використаний

nada / algo

нічого / щось

viejo / joven

старий / молодий

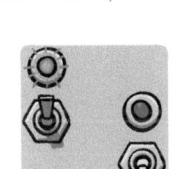

encendido / apagado

вкл / викл

abierto / cerrado

відкрито / закрито

silencioso / ruidoso

тихо / гучно

rico / pobre

багатий / бідний

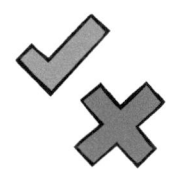

correcto / incorrecto

правильно / неправильно

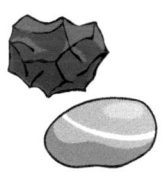

áspero / suave

шорсткий / гладкий

triste / contento

сумний / щасливий

corto / largo

короткий / довгий

lento / rápido

повільно / швидко

mojado / seco

вологий / сухий

caliente / frío

гарячий / холодний

guerra / paz

війна / мир

opuestos - протилежності

0

cero

нуль

1

uno

один

2

dos

два

3

tres

три

4

cuatro

чотири

5

cinco

п'ять

6

seis

шість

7

siete

сім

8

ocho

вісім

9

nueve

дев'ять

10

diez

десять

11

once

одинадцять

12

doce

дванадцять

13

trece

тринадцять

14

catorce

чотирнадцять

15

quince

п'ятнадцять

16

dieciséis

шістнадцять

17

diecisiete

сімнадцять

18

dieciocho

вісімнадцять

19

diecinueve

дев'ятнадцять

20

veinte

двадцять

100

cien

сто

1.000

mil

тисяча

1.000.000

millón

мільйон

МОВИ

inglés

англійська

inglés americano

американська англійська

chino mandarín

китайська
високочиновницька

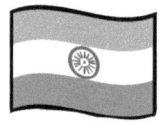

hindi

хінді

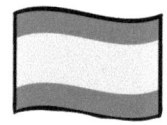

español

іспанська

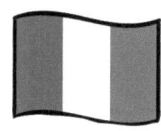

francés

французька

árabe

арабська

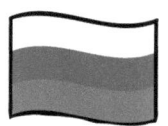

ruso

російська

portugués

португальська

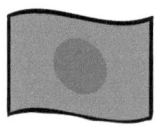

bengalí

бенгальська

alemán

німецька

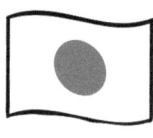

japonés

японська

yo

я

vos

ти

él / ella

він / вона / воно

nosotros

ми

ustedes

ви

ellos

вони

¿quién?

хто?

¿qué?

що?

¿cómo?

як?

¿dónde?

де?

¿cuándo?

коли?

nombre

ім'я

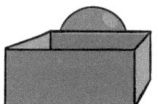

detrás

ззаду

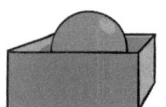

en

в

adelante de

перед

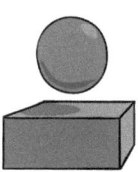

por encima de

над

sobre

на

debajo de

під

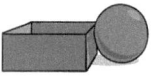

al lado de

біля

entre

між

lugar

місце